선사시대부터 현대사까지 흐름 꿰뚫기

초등 한국사 ⑤

조선시대 2 : 조선 중기~후기

1차시 임진왜란(1592)

2차시 병자호란(1636)

3차시 조선 후기 사회 모습

4차시 조선 후기 서민 문화

공부한 달 :   년   월

〈5호 수업안내문 | 조선시대 2〉

제목	학습목표	학습내용
1차시 임진왜란	· 임진왜란이 일어날 당시 조선의 상황과 임진왜란이 일어난 원인을 이해한다. · 바다에서 이순신 장군의 활약, 육지에서 의병의 활약을 중심으로 임진왜란의 극복 과정을 이해한다.	01 임진왜란 일어나다(1592) 02 이순신 장군의 활약 03 의병과 관군의 활약 04 전쟁 후 조선과 일본
2차시 병자호란	· 병자호란이 일어난 원인과 병자호란의 전개 과정을 이해한다. · 북학론과 북벌론을 비교하여 이해한다.	01 광해군의 중립 외교 02 인조와 병자호란(1636) 03 효종의 북벌론 04 울릉도와 독도를 지킨 안용복
3차시 조선 후기 사회 모습	· 조선 후기 농업기술의 발전과 상업의 발달을 이해한다. · 조선 후기 신분제의 변화와 여성의 삶을 이해한다.	01 조선 후기 농업기술의 발달 02 조선 후기 상업의 발달 03 조선 후기 신분제의 변화 04 조선 후기 여성의 삶
4차시 조선 후기 서민 문화	· 조선 후기에 서민 문화가 발달한 배경을 이해한다. · 조선 후기에 발달한 다양한 서민 문화를 이해한다.	01 한글소설 02 판소리와 탈놀이(탈춤) 03 민화와 풍속화 04 도자기와 생활용품

이 달에 배우는 한국사 연표

1567	1592	1593	1597	1598	1608
선조 즉위	임진왜란, 한산도 대첩	행주대첩	정유재란	노량해전, 이순신 전사	광해군 즉위

1616	1623	1627	1636	1637	1644	1645
후금 건국	인조 반정	정묘호란	병자호란	삼전도의 굴욕	명나라 멸망	소현세자 청 문물 수입

1649	1674	1724	1725	1776	1796
효종 즉위	숙종 즉위	영조 즉위	탕평책 실시	정조 즉위, 규장각 설치	수원화성 건설

1 임진왜란(1592)

학습목표

- 임진왜란이 일어날 당시 조선의 상황과 임진왜란이 일어난 원인을 이해한다.
- 바다에서 이순신 장군의 활약, 육지에서 의병의 활약을 중심으로 임진왜란의 극복 과정을 이해한다.

학습내용

01 임진왜란 일어나다(1592)
02 이순신 장군의 활약
03 의병과 관군의 활약
04 전쟁 후 조선과 일본

공부하고 스스로 평가하기

○ 임진왜란이 일어난 원인에 대해 말할 수 있어요. ☆☆☆☆☆

○ 바다에서 이순신 장군의 활약에 대해 말할 수 있어요. ☆☆☆☆☆

○ 육지에서 의병과 관군의 활약에 대해 말할 수 있어요. ☆☆☆☆☆

○ 전쟁이 끝난 후 일본에 간 통신사가 어떤 역할을 했는지 말할 수 있어요. ☆☆☆☆☆

임진왜란 일어나다(1592)

조선 건국 200년 후인 1592년, 일본이 조선을 침략하는 임진왜란이 일어났습니다. 당시 조선의 상황을 알아봅시다.

조선은 건국 이후 200여 년 동안 전쟁 없이 평화롭게 지냈다. 그러다 보니 조선의 국방력은 매우 약해졌다. 임진왜란이 일어나기 10년 전쯤 율곡 이이는 선조 임금에게 국방력을 강화해야 한다고 건의했다. 지금도 왜구들의 괴롭힘으로 백성들이 고생하는데, 만약 전쟁이라도 나면 온 나라가 위험해질 것이라고 생각한 것이다. 하지만 선조 임금과 신하들은 이러한 율곡의 주장을 받아들이지 않았다.

그 즈음 일본에서는 도요토미 히데요시가 오랫동안 분열되어 있던 일본을 통일했다. 도요토미 히데요시는 무사들의 불만을 밖으로 돌리고 대륙으로 진출하기 위해 조선을 침략할 계획을 세우고 있었다. 조선에서도 일본의 상황을 심상치 않게 여겨 1590년 황윤길과 김성일을 파견해서 일본의 상황을 살피고 돌아오게 했다. 하지만 일본에 다녀온 두 사람은 각각 의견이 달랐다. 황윤길은 일본이 전쟁 준비중이라 보고했고 김성일은 전쟁 준비를 하고 있지 않다고 보고했는데, 이 때문에 조선은 전쟁에 대한 충분한 대비를 할 수 없었다.

2년 뒤인 1592년 4월 조총으로 무장한 일본군이 부산 앞바다에 나타났다. 명나라를 공격할 길을 빌려 달라며 조선으로 쳐들어온 것이다. 부산에 상륙한 일본군은 조총을 쏘며 동래성을 공격했다. 백성들은 남녀노소 할 것 없이 죽기살기로 싸웠지만 동래성은 함락되고 일본군은 한성으로 향했다. 관군의 마지막 방어선인 충주에서 신립 장군이 패배하자 선조 임금은 의주로 피란을 떠났고 명나라에 지원병을 요청했다. 일본군은 18일 만에 한성을 점령했고, 두 달 만에 평양까지 손에 넣었다. ㉠백성들은 궁궐에 불을 지르고 노비 문서를 불태웠다.

▌ 임진왜란은 조선 건국 이후 몇 년 만에 일어났나요? 임진왜란의 뜻풀이를 해 보세요.

1392 1400　　　　　　1500　　　　　**1592** 1600　　　　　1700

조선 건국　　　　　　　　　　　　　임진왜란(壬辰倭亂)
　　　　　　　　　　　　　　　　　　　　왜나라 왜　어지러울 란

2 다음 지도를 보고 임진왜란이 일어났을 때 조선과 일본의 상황이 어떠했는지 설명해 보세요.

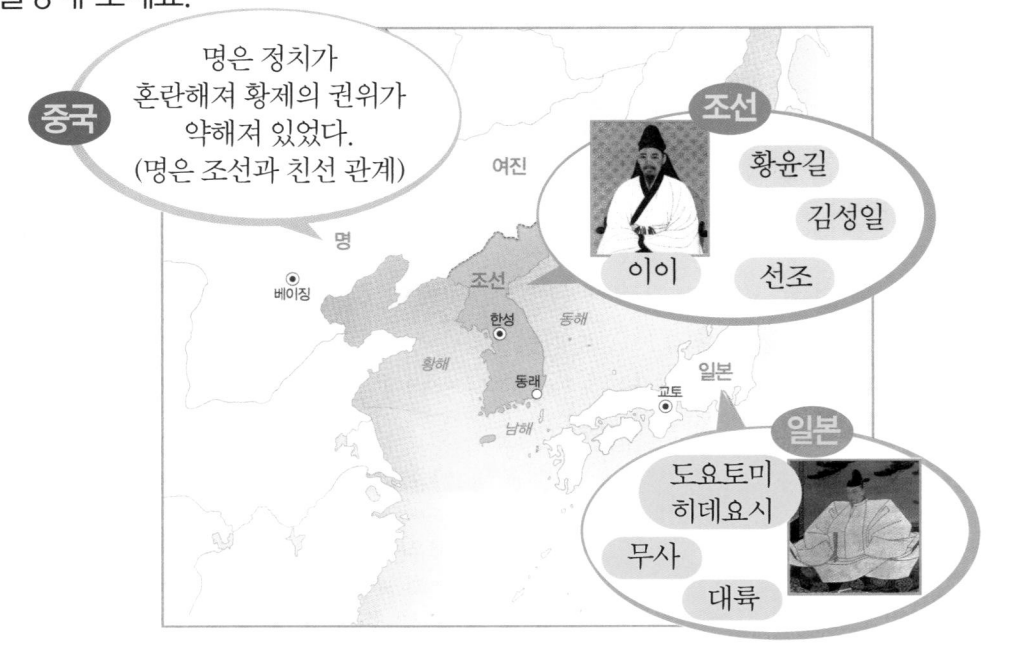

3 일본은 무슨 핑계를 대며 조선에 쳐들어왔나요?

征 明 假 道
칠 정 명나라 명 빌릴 가 길 도

4 신립 장군이 충주에서 패배했다는 소식을 듣고 선조 임금은 곧바로 ○○로 피란을 갑니다. ○○을 위의 지도에서 찾아보세요.

5 백성들은 왜 ㉠처럼 행동했을까요?

임진왜란 때 왜군의 침입로

육지에서는 계속 패배했지만 바다에서는 이순신 장군이 이끄는 수군이 일본 수군을 막아냈습니다. 바다에서 이순신 장군의 활약을 알아봅시다.

이순신 장군은 임진왜란이 일어나기 1년 전에 전라좌도 수군절도사(전라좌수사)로 임명받았다. 이순신 장군은 그곳에서 군사를 훈련시키며 전쟁에 대비하고 있었다. 우리가 잘 알고 있는 거북선은 임진왜란이 일어나기 직전에 완성되었다고 하니 정말 놀라운 일이다. 거북선은 고려 시대부터 있었다고 하지만 이순신 장군이 더욱 개량해서 강력한 돌격선으로 만들었다.

이순신 장군

육지에서 일본 육군이 조선의 군사들을 상대로 계속 승리할 때 일본의 수군들은 다른 임무를 맡고 있었다. 바로 바다를 통해 북쪽으로 올라오면서 식량과 무기를 육군한테 지원하는 임무였다. 하지만 바다에는 이순신 장군이 버티고 있었다.

임진왜란이 일어나고 한 달 후인 5월 경상도 옥포 해전을 시작으로 처음으로 거북선을 사용한 6월의 사천 해전, 학이 날개를 편 모양으로 함대를 배치하는 학익진을 이용해서 대승을 거둔 7월의 한산 대첩, 조선 수군이 남해를 완전히 장악한 9월 부산포 해전 등, 계속해서 승리를 거둔 이순신 장군의 활약으로 일본 수군들은 북쪽으로 나아가지 못했다. 그만큼 육지의 일본 육군은 군수품 보급을 제대로 받을 수 없었다. 이러한 이순신 장군의 활약 속에서 조선은 서서히 반격할 준비를 할 수 있었다. 전쟁에 패배했다고 생각한 조선 백성들에게 희망과 용기를 불어 넣은 것은 조선 수군의 눈부신 활약이었다. 그리고 그 중심에는 이순신 장군이 있었다.

임진왜란이 일어나기 전 이순신 장군은 어디에 있었나요? 그곳에서 무엇을 하고 있었나요?

2 일본 수군들이 맡은 임무는 무엇이었나요?

3 이순신 장군이 승리한 해전을 순서대로 쓰고 각각의 특징을 말해 봅시다.

5월	옥포해전	—	이순신 장군의 첫 승리
6월		—	
7월		—	
9월		—	

4 다음 그림을 보고 왜 거북선과 학익진이라 부르는지 설명해 보세요.

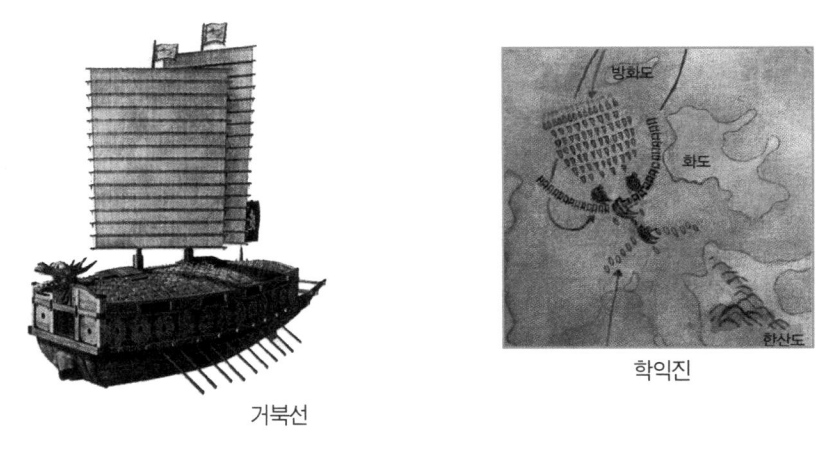

거북선

학익진

5 이순신 장군이 이끄는 수군의 활약이 일본 육군에게까지 큰 피해를 준 까닭은 무엇일까요?

바다에서 수군의 승리에 힘입어 육지에서도 의병과 관군의 반격이 시작되었습니다. 육지에서 의병과 관군의 활약에 대해 알아봅시다.

이순신 장군이 바다에서 승승장구하면서 육지에서도 서서히 반격이 시작됐다. 특히 조선의 백성들은 스스로 무기를 잡고 일어나 맞서기 시작했다. 군인이 아니면서도 나라를 위해 목숨을 걸고 싸운 사람들, 바로 의병이었다.

가장 먼저 의병을 일으킨 홍의장군 곽재우를 시작으로 김천일, 고경명, 조헌 등 수많은 이들이 의병을 일으켜 일본군과 싸웠다. 특히 진주성과 행주산성에서는 의병과 관군이 연합해서 일본군을 상대로 큰 승리를 거두었다. 진주성에서는 김시민 장군이 곽재우 장군의 의병과 함께 곡창 지대인 전라도를 차지하려는 일본군을 막아냈다. 행주산성에서는 권율 장군이

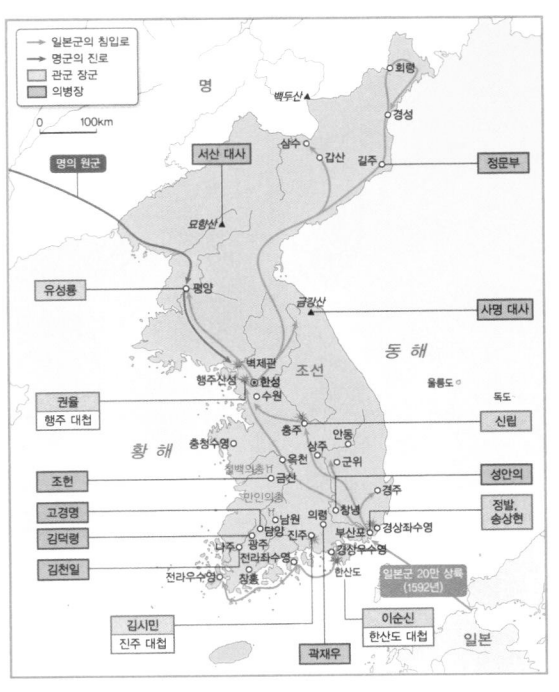

곽재우 장군

의병들과 함께 일본군을 물리침으로써 한성을 되찾을 수 있었다. 의병들의 활약으로 일본군은 주춤하기 시작했고 명나라의 지원군까지 도착하자 일본군은 결국 물러날 수밖에 없었다.

3년 후에 일본은 다시 조선을 쳐들어왔지만(정유재란), 준비된 조선의 군사와 명나라의 지원군한테 패배하고 일본으로 퇴각했다. 퇴각하는 일본군을 상대로 누구보다 앞장서서 싸우던 이순신 장군은 마지막 전투였던 노량해전에서 전사하고 말았다. 7년에 걸친 임진왜란은 이렇게 끝났다.

← 행주대첩

진주대첩 ➡

1 의병이란 어떤 사람들인가요?

2 지도에서 의병장과 관군을 찾아보세요.

> 의병장 --------------------------------

> 관　군 --------------------------------

3 진주대첩과 행주대첩은 임진왜란의 크고작은 전투 가운데 매우 중요한 전투로 알려져 있습니다. 두 전투를 비교해 봅시다.

	전투에 참여한 사람들	승리를 통해 얻은 것
진주대첩		
행주대첩		

4 다음 사건들을 순서대로 나열하면서 임진왜란의 전개 과정을 말해 보세요.

> **보기**　일본군의 부산 공격, 수군과 이순신 장군의 반격, 한성 함락
> 충주에서 신립 장군 패배, 의병과 관군의 활약, 명나라 지원군

_____ ➜ _____

➜ _____ ➜ _____

➜ _____ ➜ _____

전쟁 후 조선과 일본

임진왜란이 끝난 후 조선과 일본의 관계를 알아봅시다.

"먹을 것이 없어 길가에 죽은 사람의 뼈가 잡초처럼 흩어져 있어 생지옥이 따로 없었다." (유성룡, 〈징비록〉)

임진왜란 당시 재상이었던 유성룡이 쓴 〈징비록〉에 나오는 구절이다. 임진왜란이 끝난 후 조선의 참혹한 상황을 표현하고 있다.

임진왜란의 피해 규모는 엄청났다. 인구는 절반 정도로 줄고 농사지을 땅도 없어서 사람들은 굶어 죽어 갔다. 게다가 경복궁, 불국사, 조선왕조실록 같은 수많은 문화재가 불에 타거나 약탈당했다.

일본은 조선에서 많은 기술자들을 포로로 잡아갔다. 대표적인 사람이 일본 도자기의 스승으로 불리는 이삼평이다. 이삼평은 일본에 도자기를 전해 준 사람으로 유명하다. 지금도 일본에 가면 이삼평이 처음 도자기를 굽는 데 성공한 아리타라는 도시에 도조(陶도자기도 祖조상조 : 도자기의 조상) 이삼평 기념비가 서 있다.

조선은 이전부터 일본에 통신사(외교 사절단)를 파견해서 많은 문화

도조 이삼평 비

를 전해 주었다. 하지만 조선 정부는 임진왜란을 계기로 통신사 파견을 중지했는데, 일본의 간절한 요청으로 다시 보내기로 하였다. 조선 입장에서도 일본의 상황을 파악하고 임진왜란 때 잡혀간 포로들을 데려와야 했기 때문에 사절단을 보내기로 결정한 것이다.

통신사의 규모는 500여 명 정도였으며, 정부 관리와 수행원뿐만 아니라 학자, 기술자, 의원, 화원, 인쇄공, 악공, 도공 등 다양한 직업을 가진 사람들이 함께 갔다. 통신사들이 일본을 한번 다녀오는 데는 1년 가까이 걸렸다고 한다. 이 기간 동안 통신사는 일본에 학문과 기술, 문화를 전해 주었다. 이런 이유로 통신사에 대한 일본 정부의 대접은 매우 융숭했으며, 통신사가 지나는 지역에는 많은 일본인들이 몰려들었다고 한다. 또한 통신사는 왜구 문제나 포로 송환 문제 등에 대해 일본 정부와 협상하는 역할도 수행했다.

통신사의 행로

1 임진왜란이 끝난 후의 상황으로 맞지 않는 것을 모두 찾아보세요.
　① 조선의 인구가 절반 정도로 줄어들었다.
　② 수많은 문화재가 불타거나 약탈당했다.
　③ 조선의 남쪽 땅은 일본인들의 차지가 되었다.
　④ 일본의 선진 문물을 받아들여 조선이 발전하는 계기가 되었다.
　⑤ 농사지을 땅이 모자라 많은 백성들이 굶어 죽었다.

2 일본이 조선에서 수많은 기술자, 특히 도공(도자기 굽는 사람)을 포로로 끌고 간 까닭은 무엇일까요? 도조 이삼평은 누구인가요?

3 일본은 왜 다시 사절단을 보내 달라고 청했을까요?

4 통신사란 어떤 역할을 수행하는 사람들 인가요?

통신사

5 일본 사람들은 통신사의 행렬을 보며 어떠한 생각을 했을까요?

6 임진왜란은 조선과 일본 가운데 누가 승리한 전쟁일까요? 내 생각을 써 보세요.

동래부 순절도

다음은 〈동래부순절도〉라는 그림입니다.
임진왜란 때 일본군에 맞서 싸운 동래부 사람들의 모습을 그린 것이죠.
다음 그림을 보고 동래부 사람들이 일본군에 맞서 어떻게 싸웠는지 설명해 보세요.

2 병자호란(1636)

공부하고 스스로 평가하기

○ 광해군의 중립 외교가 무엇인지 말할 수 있어요. ☆☆☆☆☆

○ 병자호란이 일어난 원인과 삼전도의 굴욕이 무엇인지 말할 수 있어요. ☆☆☆☆☆

○ 북벌론과 북학론을 비교해서 말할 수 있어요. ☆☆☆☆☆

○ 안용복이 울릉도와 독도를 지켜낸 이야기를 말할 수 있어요. ☆☆☆☆☆

임진왜란 직후 왕위에 오른 광해군은 전쟁의 피해를 복구하는 데 노력하는 한편, 명과 후금 사이에서 중립 외교를 펼쳤습니다. 중립 외교가 무엇인지 알아봅시다.

광해군 – 중립 외교 정책

임진왜란이 끝난 후 왕위를 이어받은 광해군은 참혹한 전쟁의 피해를 복구해야 하는 과제를 떠맡았다. 밖에서는 여진족이 세운 후금이 점점 강성해져 명나라를 위협하고 있었다. 명나라와 후금 중 어느 한쪽 편을 들다가는 또 다시 전쟁이 일어날 터, 광해군은 명나라와 후금 사이에서 어느 나라의 심기도 건드리지 않는 아슬아슬한 중립 외교

강홍립의 항복(《만주실록》)

를 펼쳤다. 그런데 명나라에서 후금과의 전쟁에 지원군을 요청해 왔다. 임진왜란 때 우리나라에 지원군을 보내 줬으니, 거절할 명분이 없었다. 그렇다고 정말 후금에 대항해 싸우면 명나라보다 강성해진 후금이 가만히 있을 리 없었다. 광해군은 어쩔 수 없이 강홍립 장군을 보내면서 상황을 보고 불리하면 후금에 투항하라고 지시했다. 강홍립은 후금의 공격으로 명군이 전멸하고 조선군이 포위되자 후금에 투항하였다. 그래서 후금과의 전쟁을 방지할 수 있었다.

인조반정 – 친명 배금 정책

하지만 신하들은 임진왜란 때 조선을 도와준 명나라를 멀리하고 오랑캐인 여진족이 세운 후금과 친하게 지내는 것은 잘못이라고 주장했다. 결국 광해군의 중립 외교에 반대하던 신하들은 광해군을 왕위에서 쫓아내고 인조를 왕위에 올렸다(인조반정). 인조는 광해군의 외교와는 반대로 명나라를 가까이 하고 후금을 배척했다(친명 배금 정책).

▎ 임진왜란이 끝나고 왕위에 오른 광해군에게 제일 중요한 일은 무엇이었을까요?

2 광해군의 중립 외교 정책이란 무엇인가요? 옆의 지도를 보며 설명해 보세요.

3 신하들은 왜 광해군의 중립 외교 정책에 반대했나요?

4 인조반정(反되돌릴반 正바를정 : 바르게 되돌리다)이란 무엇을 바르게 되돌렸다는 것인가요?

5 여러분은 광해군의 중립 외교 정책과 인조의 친명 배금 정책 중 어느 정책이 더 옳다고 생각하나요?

6 다음에서 설명하는 인물은 누구인가요?

○ ○ (1539~1615)

선조 때부터 광해군 때까지 임금의 병을 치료하는 내의원, 임진왜란 때 선조의 곁을 떠나지 않고 돌본 공으로 큰 벼슬을 받았다. 선조의 명으로 전쟁중 <동의보감>을 쓰기 시작해 광해군 때 완성했다. 그는 전쟁으로 헐벗고 병든 백성들이 쉽게 병을 치료할 수 있도록 집필에 온 힘을 다했다. <동의보감>은 2000년 유네스코 세계기록문화 유산으로 등재되었다.

인조반정으로 왕위에 오른 인조는 청나라를 멀리하는 정책을 펼쳐 청나라의 침략을 받습니다. 청나라와의 전쟁, 병자호란에 대해 알아봅시다.

인조의 친명 배금 정책 – 청나라의 침략을 받다

조선이 명을 가까이 하고 후금을 배척하자, 후금은 이를 트집 잡아 조선을 공격했다(정묘호란). 정묘호란은 조선과 후금이 형제의 나라(형제관계)로 지낼 것을 약속하면서 끝이 났다. 하지만 조선이 여전히 명을 더 가까이 하자, 후금은 나라 이름을 청으로 바꾸고 조선에게 임금과 신하의 관계(군신관계)를 새로 맺을 것을 요구하였다. 조선이 이 요구를 받아들이지 않자 청나라가 다시 조선을 쳐들어왔다. 이 전쟁이 바로 병자호란이다(1636).

인조, 남한산성으로 피란 → 삼전도 굴욕

남한산성 수어장대

명나라를 위협할 정도로 강력한 청나라 군대 앞에 조선 군대는 무너지고 고작 6일 만에 한양을 점령당했다. 인조는 강화도로 도망치려 했지만 청나라 군대가 너무 빨리 몰려오는 바람에 강화도로 가는 길이 끊겨 남한산성으로 들어갔다. 성 안에서는 청나라와 끝까지 싸우자는 신하들과 강화를 맺자는 신하들로 나뉘었으나, 식량 부족과 추위 때문에 결국 47일 만에 항복했다. 조선은 명나라와의 관계를 끊고 청과 신하와 임금의 관계를 맺을 것, 왕자(소현세자와 봉림대군)와 대신들을 인질로 데려가는 것, 청나라에 공물을 바치는 것, 청이 전쟁할 때 지원군을 보내는 것 등이 항복 조건이었다. 인조는 청나라 요구 조건을 모두 수용하고 삼전도에 나아가 청 태종 앞에 무릎꿇고 ㉠삼배구고두라는 항복의 예를 올렸다. 이것을 '삼전도의 굴욕'이라고 한다. 이 때 청 태종이 세운 비가 지금의 서울 송파구 삼전동에 있는데, 이 비에는 ㉡대청황제공덕비라고 씌어 있다.

청나라로 끌려간 사람들

병자호란은 불과 두 달 동안의 전쟁이었지만 7년 동안 벌어진 임진왜란에 비해 결코 피해가 적지 않았다. 청나라에 끌려간 사람이 무려 50만 명에 달했고, 이들은 나중에 몸값을 지불하고서야 되돌아올 수 있었다. 하지만 여성이나 청나라에서 태어난 아이들은 ㉢오랑캐한테 더럽혀졌다고 집에서 쫓겨나거나 업신여김을 당했으니, 병자호란은 전쟁중에도 전쟁후에도 우리 민족에게 크나큰 아픔을 안겨준 사건이었다.

1 정묘호란과 병자호란이 일어난 까닭은 무엇인가요?

정묘호란 ───

병자호란 ───

2 다음에서 설명하고 있는 곳은 어디인가요? 인조가 피란을 간 곳입니다.

○○○○(경기도 광주)

　경기도 광주시 중부면 산성리 남한산에 있는 조선 시대의 산성. 북한산성과 더불어 서울을 남북으로 지키는 산성이다. 지금은 동문, 서문, 남문, 북문 등 4개의 문과 5개의 옹성, 봉화대, 수어장대, 돈대, 암문, 우물, 보, 누 등의 방어 시설과 군사 훈련 시설인 연무관 등이 있다.

3 삼전도의 굴욕 때 인조가 한 ㉠'삼배구고두'란 무엇을 말할까요?

三　拜　九　叩　頭
석 삼　절할 배　아홉 구　두드릴 고　머리 두

삼전도비
(서울 송파구 삼전동)

4 삼전도비에 씌어 있는 ㉡대청황제공덕비란 무슨 뜻인가요?

5 만약에 내가 청나라에 끌려가 온갖 수모를 당하고 겨우 고향에 돌아왔는데, ㉢과 같은 대접을 받았다면 어떤 마음이 들었을까요?

효종(봉림대군)은 왕위에 오르자마자 병자호란의 치욕을 갚기 위해 청나라를 정벌해야 한다는 북벌론을 주장합니다.

소현세자와 북학론

소현세자는 병자호란 후 청나라에 인질로 끌려갔다. 소현세자는 청나라가 베이징을 점령하는 것을 보면서 청나라의 부강함을 직접 확인하였다. 또한 소현세자는 베이징에서 독일인 신부 아담 샬을 만나 지구의, 망원경, 천주상, 천문학책 등 서양 문물을 접했다고 한다. 아담 샬이 소현세자에게 받았다고 하는 편지에 따르면, 소현세자는 귀국 후 서양 문물을 받아들이려 했다고 한다. 하지만 소현세자는 조선에 돌아온 지 두 달 만에 갑작스런 죽음을 맞이하고 말았다. 이후 조선에서는 청나라를 통해 발달된 과학 기술을 받아들여 나라를 발전시켜야 한다고 생각한 사람들이 나타났다. 이들은 비록 청나라가 조선을 침략했던 나라이지만 청나라한테도 배울 게 있다면 배워서 나라를 부강하게 만드는 것이 더 중요하다고 주장하였다. 이러한 주장을 북학론이라고 한다.

아담샬(소현세자가 만난 서양 신부)

놋쇠지구의

효종(봉림대군)의 북벌론

소현세자가 죽자 동생인 봉림대군이 세자가 되어 인조의 뒤를 이었는데, 효종이다. 효종은 오랜 인질 생활을 겪으며 청나라를 정벌하여 병자호란의 치욕을 갚아야 한다는 생각을 가지고 있었다. 이러한 주장을 '북벌론'이라고 한다. 효종은 조선 군대를 조총을 사용하는 포수 중심으로 키워나갔다. 조선군 포수들은 나중에 청나라가 러시아 전쟁을 벌일 때 지원병으로 파견되어 러시아군을 두 차례에 걸쳐 물리치는 등 큰 활약을 펼쳤다. 하지만 청나라는 중국 전체를 차지한 후 날이 갈수록 더욱 부강해졌고, 북벌 준비에 필요한 비용도 점점 늘어나 나라의 살림살이 또한 어려움이 많았다. 결국 효종이 젊은 나이에 병으로 세상을 떠나면서 북벌 계획은 실천에 옮겨지지 못하고 말았다.

영릉(효종릉, 경기도 여주)

1 소현세자와 봉림대군의 공통점과 차이점은 무엇인가요?

> **공통점**
>
> **차이점**

2 병자호란이 끝난 후 조선에서는 청나라에 대한 의견이 북학론과 북벌론으로 나누어졌습니다. 북학론과 북벌론은 무엇인가요?

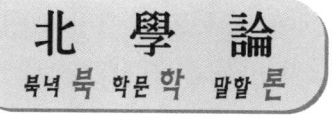

北 學 論
북녘 북 학문 학 말할 론

北 伐 論
북녘 북 칠 벌 말할 론

3 소현세자가 죽지 않고 왕위에 올랐다면 조선은 어떻게 되었을까요?

4 효종이 북벌을 위해 훈련시킨 군대가 청나라가 아닌 러시아와 싸운 까닭은 무엇인가요?

5 효종의 북벌론이 결국 실패로 돌아간 까닭은 무엇인가요?

독도를 둘러싼 영토 전쟁은 약 300년 전 조선 시대에도 있었는데, 평범한 어부 안용복이 일본과의 영토 논쟁에서 울릉도와 독도를 지켜냈습니다.

숙종 때 안용복은 어부들과 함께 멀리 울릉도로 고기잡이를 나갔다가 일본 어부들을 만났다. 일본 어부들은 다짜고짜 "당신들은 어느 나라 어부인데, 우리 일본 바다에 와서 고길 잡는 거요?" 하면서 안용복과 동료들을 붙잡아 일본의 오키 섬으로 끌고 갔다. 안용복이 거세게 항의했다.

"울릉도는 원래 조선 땅이오. 그런데 일본 사람들이 함부로 와서 고기잡이를 하니 이를 막아주시오."

일본 정부는 조선과 친하게 지내려 했기 때문에 문제를 키우고 싶지 않아 '울릉도는 조선 땅이니 일본 어부들이 고기를 잡지 못하게 하라' 라는 편지를 써주면서 안용복을 돌려보냈다. 안용복 일행은 귀국길에 대마도에 들렀는데, 울릉도를 대마도 영토로 만들려는 야심을 갖고 있던 대마도 도주는 안용복을 잡아 가두고 편지를 빼앗아 '울릉도는 일본 땅이니 조선 어부들은 고기를 잡지 못하게 하라'고 편지 내용을 바꿔치기 했다.

안용복이 조선에 돌아와 대궐에 가서 편지가 바뀐 사실을 상세히 보고하자, 조선 정부는 일본의 무례함을 꾸짖는 편지를 보내 일본으로부터 울릉도가 조선 땅이라는 확인을 받아냈다. 그후 2년 뒤 안용복은 다시 울릉도 바다에 나갔다가 일본 어선을 발견했다.

"울릉도는 원래 우리 땅인데 어찌 침범했느냐?"

"우리는 본래 독도에 사는데 우연히 고기잡이 나왔다가 이렇게 되었소."

"독도 역시 우리나라 땅인데, 어찌 독도에 산다 하느냐?"

다음날 안용복이 독도에 가보니 어제 만난 일본 어부들이 있었다. 안용복은 일본 어부들을 내쫓고 오키 섬으로 가서 "일본 정부는 분명히 울릉도가 조선 땅이라고 했는데, 일본 어부들이 또 그 약속을 어겼소"라고 항의하여 사과를 받고 돌아왔다.

이듬해 일본 정부는 다시 한번 공식적으로 편지를 보내 울릉도와 독도가 조선 땅이라는 것을 확인했다. 안용복의 노력 덕분에 울릉도와 독도가 조선 땅이라는 것을 확실히 인정받게 된 것이다.

하지만 이렇게 큰 공로를 세운 안용복에게 기다리는 것은 상이 아니라 가혹한 형벌이었다. ㉠조선의 신하들은 안용복이 허락 없이 국경을 넘어 다른 나라에 들어갔다며 사형시켜야 한다고 주장했다. 숙종은 안용복의 공로를 인정하여 사형 대신 귀양을 보냈다. 그 이후 안용복의 행적은 알 길이 없다.

1 안용복은 어느 임금 때 사람인가요?

2 다음 지도에서 울릉도와 독도를 찾아 표시하세요.

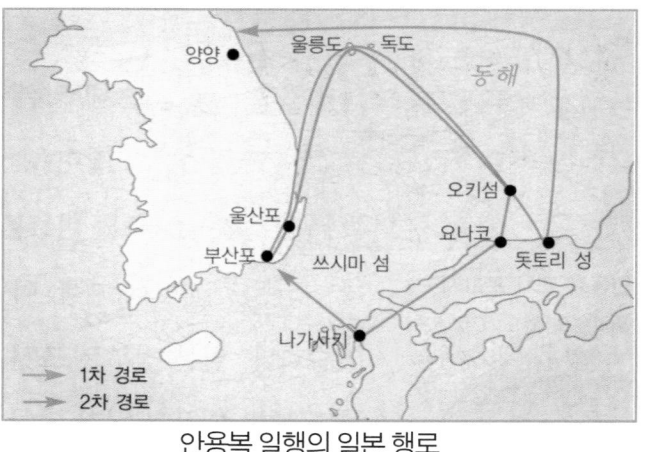

안용복 일행의 일본 행로

3 대마도 도주가 편지를 바꿔치기한 까닭은 무엇인가요?

4 안용복은 정부 관리도 아니고 학자도 아닌 평범한 어부로서 우리 땅을 지켜 냈습니다. 하지만 그에게 돌아온 것은 ㉠과 같은 비난이었습니다. 내가 안용복이라면 어떠한 생각이 들었을까요?

안용복 충혼탑 (경북 울릉군)

역사 상상력 업

북학론과 북벌론

병자호란 이후 조선의 지식인들은
북학론과 북벌론을 주장하는 사람들로 나누어졌습니다.
여러분이 당시 조선의 신하라고 생각하고 북학론, 북벌론 중
한 가지 정책을 시행할 것을 주장하는 상소문을 써 보세요.

전하! 지금은 _____ 을 따라야 합니다!!

22

3 조선 후기 사회 모습

공부하고 스스로 평가하기

조선 후기에 전국적으로 보급된 농사법인 모내기법과 골뿌림법이 무엇인지 말할 수 있어요. ☆☆☆☆☆

조선 후기에 전국 곳곳에 시장(장시)가 많이 생겨난 이유를 말할 수 있어요. ☆☆☆☆☆

조선 후기에 신분제가 흔들리고, 양반의 수가 늘어난 이유를 말할 수 있어요. ☆☆☆☆☆

조선 후기에 여성들이 받은 차별이 무엇인지 말할 수 있어요. ☆☆☆☆☆

임진왜란과 병자호란을 겪은 후 피폐해진 농촌에 새로운 농사 기술이 보급되면서 농업 생산량이 늘어났습니다.

두 번의 전쟁으로 어려워진 백성들과 나라 살림

임진왜란과 병자호란이라는 큰 전쟁을 두 번이나 겪은 조선의 상황은 매우 어려웠다. 인구는 절반 이하로 줄어들고 황폐해진 땅은 농사짓기가 힘들어 백성들의 생활은 말이 아니었다. 나라의 살림살이 또한 마찬가지였다. 세금을 내는 백성의 숫자가 줄어들고, 막상 세금을 걷으려 해도 누가 얼마나 농사를 짓고

창덕궁 인정전

있는지 확인하기도 힘들어 나라의 살림도 매우 어려웠다. 임진왜란 이후 왕들이 경복궁을 다시 지을 엄두도 못 내고 창덕궁에서 지낸 까닭도 여기에 있다.

새로운 농업 기술의 발달 → 부자 상민 출현

양 난 이후 피폐해진 농촌을 되살리기 위해 새로운 농사 기술이 개발되고 보급되기 시작했다. 벼농사에서는 '모내기법'이 널리 퍼졌다. 모내기법이란 논에 볍씨를 바로 뿌리는 것이 아니라 모판에 씨를 뿌려 싹이 난 모를 논에 옮겨 심는 방법이다. 나쁜 모는 골라내고 튼튼한 모만 골라 심기 때문에 수확량이 늘어났고, 잡초를 뽑는 일이 줄어들어 일손이 줄어들었다. 또 모내기를 하면 논에 모를 심기 전까지 보리 농사를 지을 수 있어

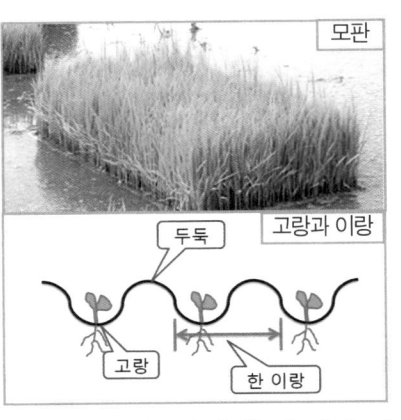
모판

고랑과 이랑
두둑
고랑
한 이랑

이모작이 가능해져 곡물 수확량이 훨씬 더 많아졌다. 밭농사에서는 '골뿌림법'이 널리 퍼졌다. 골뿌림법은 밭에 두둑과 고랑을 만들고 씨를 고랑에 뿌리는 농사법이다. 고랑에 씨를 뿌리면 씨앗이 찬바람을 덜 타 추위에 잘 견디고, 수분을 쉽게 얻을 수 있어 가뭄에도 싹을 잘 틔우고, 거름의 효과도 높아 수확량이 많아졌다.

새로운 농사법으로 생산량이 늘어나면서 사람들은 먹고 남은 것을 시장에 내다팔기 시작했다. 그러면서 여기저기 시장이 생겼고, 농민들은 시장에 내다팔기 위한 작물을 재배하기 시작했다. 이것을 상품작물이라 한다. 이전에 쌀이나 목화만 재배하던 농가에서 고구마, 감자, 고추, 토마토, 담배, 인삼 등 새로운 상품작물을 재배했다. 이러한 작물들은 시장에서 쌀보다 비싸게 팔렸기 때문에 벼농사보다 더 많은 돈을 벌 수 있었다.

1 임진왜란 이후 왕들은 어느 궁궐에서 지냈나요?

2 다음 그래프를 보고 양
   난 후 인구와 토지가 얼
   마나 줄었는지 계산해 보
   세요.

   인구 :

   토지 :

   (만 명)
   500
   400 약 416만 명
   300
   200
   100   약 152만 명
   0
      임진왜란 전   병자호란 후
      (1543년)   (1639년)
         인구의 변화

   (만 결)
   200
   150 약 170만 결
   100
   50   약 50만 결
   0
      임진왜란 전   임진왜란 후
         토지의 변화

3 다음 보기의 낱말을 이용하여 모내기법과 골뿌림법이 어떠한 농사법인지 설
   명해 보세요.

   보기   논   모   모판   모내기   밭   고랑   이랑   두둑

4 다음 글을 읽고 모내기법이 이모작을 가능하게 한 이유를 설명해 보세요.

   논에다 직접 씨를 뿌리면 보리 수확 한 달쯤 전에 볍씨를 뿌려야 해서 보
   리를 재배할 수 없었는데, 이젠 보리를 수확하는 동안 모판에서 모를 키우고
   보리 수확이 끝난 논에 물을 댄 다음 모를 옮겨 심을 수 있었다.

5 상품작물이란 무엇인가요? 다음 중 상품작물이 아닌 것은?

   ① 인삼   ② 마늘   ③ 고추   ④ 보리   ⑤ 고구마

6 조선 후기에 농업의 발달이 상업의 발달을 가져온 까닭은 무엇일까요?

농업 생산량의 증가는 상업의 발달을 가져왔고, 상업의 발달은 시장(장시)의 발달을 가져왔고, 시장의 발달은 화폐 사용을 활발하게 했습니다.

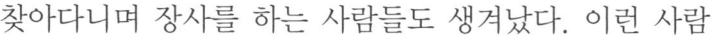

상업의 발달로 사람들은 자신들의 물건을 사고 팔 공간이 필요했다. 그래서 전국의 마을마다 사람들이 모여서 물건을 사고파는 장소가 생겨났다. 그곳이 바로 시장(장시)이었다.

시장이 전국적으로 생겨나면서 시장을 돌아다니며 물건을 사고파는 사람들도 생겨났다. 이들 상인 중에는 세력을 형성해서 우리나라뿐 아니라 외국과 무역을 하는 사람들도 있었다. 한강 주변의 경강 상인, 개성의 송상, 의주의 만상, 부산의 내상이 바로 그런 사람들이다. 또 시장이 매일 열리는 것은 아니었기 때문에 시장이 열리는 곳을 찾아다니며 장사를 하는 사람들도 생겨났다. 이런 사람들을 보부상(봇짐장수와 등짐장수)이라 불렀다.

시장이 많이 생기면서 화폐의 사용도 활발해졌다. 숙종 때 상평통보가 널리 사용되기 시작했다. 화폐를 사용하기 이전에 사람들은 주로 ㉠물물교환을 통해 물건을 사고팔았는데, 많은 불편함이 있었다. 하지만 화폐가 널리 사용되면서 사람들은 편하게 물건을 사고팔 수 있었고 상업 또한 더욱 발달할 수 있었다. 화폐는 물건을 사고파는 데만 이용된 게 아니라 세금이나 벌금을 낼 때도 사용되었다.

상평통보

1 시장은 무엇을 하는 곳인가요?

2 조선 후기에 등장한 유명한 상인들은 각각의 지역에서 많은 부를 쌓았는데, 각 상인들이 어떻게 많은 돈을 벌 수 있었을지 바르게 연결해 봅시다.

경강상인 •   • 청나라와의 무역을 통해 많은 돈을 모았다.

송상 •   • 한강 주변에 모이는 쌀을 주로 거래하면서 돈을 벌었다.

만상 •   • 개성의 특산물인 인삼을 주로 거래했다.

내상 •   • 일본과의 무역을 통해 많은 돈을 모았다.

3 옆의 그림은 조선 후기에 상업의 발달로 생겨난 새로운 직업입니다. 이 사람의 직업은 무엇인가요?

4 ㉠에서 사람들이 불편했던 까닭은 무엇일까요? 화폐의 사용은 어떤 편리함을 가져왔을까요?

두 번의 큰 전쟁과 농업 및 상업의 발달은 조선의 신분 제도를 뒤흔들어 놓았습니다. 조선 후기 신분제의 변화에 대해 알아봅시다.

임진왜란과 병자호란 후 세금이 잘 걷히지 않아 나라 살림이 어려워지자 나라에서는 돈을 받고 벼슬을 주는 공명첩이라는 문서를 팔았다. 농업과 상업의 발달로 부자가 된 상민들은 공명첩을 사서 양반이 될 수 있었다. 그에 반해 살림이 어려워져 먹고 살기 위해 일을 해야 하는 양반들도 생겨났다. 가난한 양반들은 돈을 받고 양반 신분을 팔기도 했다. 양반이 되면 세금을 내지 않아도 되니 부자 상민들은 너도나도 양반이 되고자 했다. 그래서 조선 후기에는 양반의 수가 크게 늘어났다. 양반이 늘어나 세금 내는 사람이 줄어들자, ㉠나라에서는 노비가 상민이 되도록 해 주었다.

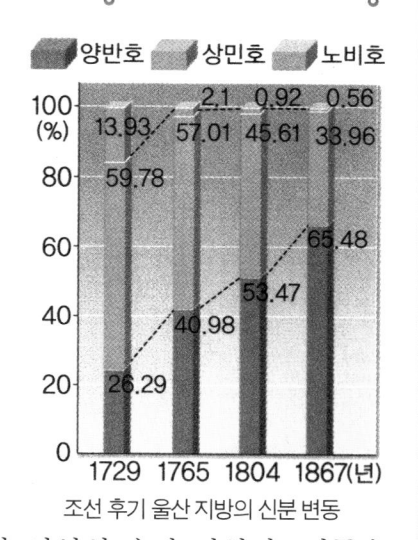

조선 후기 울산 지방의 신분 변동

또한 조선 시대에는 양반 남자와 첩 사이에서 태어난 서얼의 수가 많았다. 이들은 양반의 자식이지만 양반으로 인정받지 못하고 차별을 받았다. 재능 있는 서얼이 자신의 신분 때문에 벼슬에 오르지 못하는 경우가 많았다. 그래서 나라에서는 서얼도 점차 벼슬에 오를 수 있는 길을 열어 주었다.

박지원의 〈양반전〉

조선 시대 한 마을에 가난한 양반이 살았다. 양반 신분이었지만 집이 가난해 관아에서 곡식을 꿔서 먹고 살았는데, 꾼 곡식을 갚을 길이 없어 관아에 잡혀갈 지경에 이르렀다. 그 때 같은 마을에 살던 부자 상민이 이 양반의 사정을 알고 양반 신분을 자신에게 파는 대가로 빚을 모두 갚아 주겠다고 했다. 다른 방법이 없었던 양반은 그러기로 했다.

양반 신분을 산 상민은 기뻐서 관아로 찾아갔다. 관아에서는 부자 상민에게 양반으로서 지켜야 할 격식들을 말해 주었다. 부자 상민은 "아니! 양반은 그럼 지켜야 할 일들만 잔뜩 있는데 뭐가 좋은가?"라고 되물었다. 그러자 관아에서는 양반의 권리들을 설명해 주었다. 곰곰이 듣던 부자 상민은 고개를 갸우뚱하며 "아니! 그럼 양반은 도둑과 다를 게 없지 않은가?"라고 말했다. 부자 상민은 그 길로 집에 돌아가 다시는 양반이 되겠다는 소리를 하지 않았다고 한다.

1   다음 공명첩의 빈칸은 무엇을 쓰는 난일까요? 왜 빈칸으로 두었을까요?

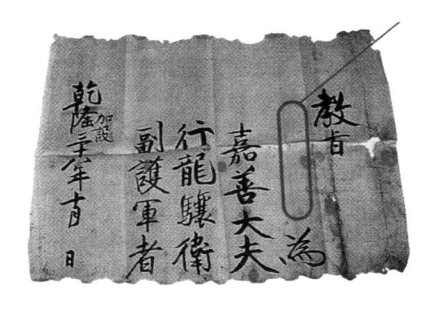

2   숙종 임금 때는 공명첩을 2만 장이나 발행했다고 합니다. 공명첩을 많이 팔면 어떠한 문제가 생길 수 있을까요?

3   나라가 ㉠처럼 노비를 상민이 되게 해준 까닭은 무엇일까요?

4   옆의 그래프를 보고 조선 후기 신분제의 변화를 설명해 보세요.

5   다음 그림을 통해 알 수 있는 조선 후기 사회 모습을 설명해 보세요.

6   박지원이 〈양반전〉을 통해 말하고 싶었던 것은 무엇이었을까요?

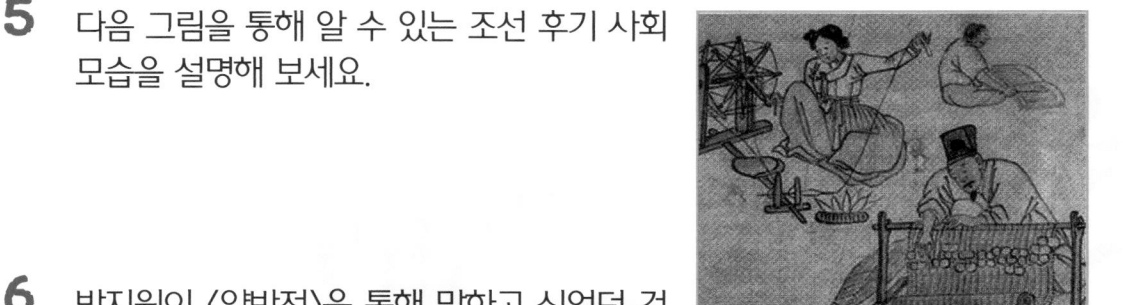

김홍도의 〈자리 짜기〉

조선 시대는 유교 사상의 영향으로 남녀의 구별을 강조했는데, 특히 조선 후기에 이르러 여성에 대한 차별이 더욱 심해졌습니다.

허난설헌과 김만덕

허난설헌

허난설헌은 〈홍길동전〉을 지은 허균의 누나였다. 어려서부터 글솜씨가 매우 뛰어났지만 누구도 달가워하지 않았다. 이유는 오로지 하나, 그녀가 여자였기 때문이었다. 허난설헌은 아름다운 시를 썼지만 누구도 인정하지 않았고 젊은 나이에 비극적으로 세상을 떠났다. 허난설헌이 죽은 후 동생 허균이 남은 시를 모아 책을 펴냈다. 허난설헌이 살아 있는 동안에 전혀 인정받지 못한 이 시들은 허난설헌이 죽은 후 중국이나 일본으로 건너가서 크게 인정받았다.

김만덕

김만덕은 정조 때 제주도의 양인 집안에서 태어났다. 하지만 어려서 부모를 잃고 천민인 기생이 될 수밖에 없었다. 하지만 어른이 된 김만덕은 관청을 찾아가 양인 신분을 되찾았다. 그리고 제주도에서 장사를 해서 큰 돈을 벌었다. 그러던 중 제주도에 흉년이 들어서 사람들이 굶자 전 재산을 털어 제주도의 백성들을 도왔다. 이 일이 궁궐에까지 알려져 김만덕은 여성의 신분으로 궁궐에 초대받고 금강산 여행까지 한 후에 제주도로 돌아왔다. 당시 정승이었던 체재공은 김만덕의 이야기를 책으로 만들 정도였다.

1 허난설헌과 김만덕은 어떤 차별대우를 받았나요?

2 조선 후기에 여성에 대한 차별이 더욱 심해진 까닭은 무엇 때문일까요?

남녀유별을 강조하는 유교 윤리가
이제 일반 백성들한테까지 널리 퍼졌나봐.

3 조선 후기에는 다음과 같은 유교 윤리가 강해져 여성들은 남자에 비해 많은 차별을 받았고 불평등한 삶을 살았습니다. 올바른 설명끼리 연결해 보세요.

부부유별 •　　　　　• 어려서는 아버지를, 결혼해서는 남편을, 늙어서는 아들을 따라야 한다.

삼종지도 •　　　　　• 남편과 아내 사이에는 구별이 있다.

칠거지악 •　　　　　• 딸은 결혼하면 남이다.

출가외인 •　　　　　• 아내를 내쫓아도 되는 7가지 이유 (불효, 아들 못 낳는 것, 질투 등)

4 조선 전기 여성의 생활 모습은 ○, 조선 후기 여성의 생활 모습은 ✕ 하세요.

● 밖에 나갈 때는 얼굴을 가려야 했다.

● 아들딸 구별 없이 재산 상속을 똑같이 받았다.

● 정절을 목숨보다 중요하게 여겨야 했다.

● 남편이 먼저 죽으면 재혼하는 경우가 많았다.

● 글공부보다 바느질 같은 집안일이 여자의 할 일이라고 생각했다.

● 결혼하면 일정 기간 남편과 함께 친정에 가서 살았다.

● 상류층 여자들은 가마를 타고 밖으로 나갈 수 없었다.

● 아들이 없으면 제사는 딸과 사위가 지냈다.

유교는 남녀의 구분을 확실하게 하고
가부장적인 신분제도를 만들어냈어.

31

농업기술 소개하기

조선 후기 농업과 상업의 발달을 불러온
새로운 농업 기술을 사람들에게 알리는 포스터를 제작하려고 합니다.
여러분이 배운 농업 기술 중 하나를 선택해서 포스터를 만들어 보세요.

여러분 새로운 농업기술을 소개합니다.

4 조선 후기 서민 문화

공부하고 스스로 평가하기

○ 조선 후기에 유행한 한글소설 작품이 무엇인지 말할 수 있어요. ☆☆☆☆☆

○ 조선 후기에 판소리와 탈놀이가 왜 서민들의 사랑을 받았는지 말할 수 있어요. ☆☆☆☆☆

○ 조선 후기에 유행한 민화가 무엇인지 알고, 김홍도와 신윤복의 풍속화를 구별할 수 있어요. ☆☆☆☆☆

○ 조선 시대에 무슨 도자기를 사용했는지 말할 수 있어요.

조선 후기에 경제적으로 여유가 생긴 백성들이 예술과 문화에 관심을 가지면서 서민 문화가 발달했습니다. 양반이 아니라 백성들이 주인공이 된 문화를 서민 문화라고 합니다.

양반들은 한글을 언문이라 무시했지만 백성들은 한글을 익히고 사용하면서 한글소설이 많이 만들어졌다. 이러한 한글소설은 서민들의 소망과 애환, 양반 사회의 모순을 비판하는 내용이 많았다. 〈홍길동전〉은 서자 출신의 길동이 출세할 수가 없어 도적이 되었다가 결국 율도국의 왕이 된다는 이야기, 〈춘향전〉은 기생의 딸 춘향과 양반집 도령 이몽룡이 신분 차별의 벽을 뛰어넘어 마침내 결혼한다는 이야기다.

한글소설은 도시와 시골을 가리지 않고 널리 퍼졌다. 도시에는 한글소설을 돈을 받고 빌려 주는 가게가 생겨났고, 돈을 받고 한글소설을 재미있게 들려주는 전문 이야기꾼(전기수)도 나타났다. 읽어 주는 사람이 있어서 한글을 모르는 일반 서민들에게도 인기가 많았다. 한글소설은 입에서 입으로 전해 내려와 대개 누가 지었는지 지은이가 알려져 있지 않다. 〈홍길동전〉, 〈장화홍련전〉, 〈콩쥐팥쥐〉 등이 유명했고, 판소리로 유명해졌다가 한글소설로 쓰인 〈춘향전〉, 〈흥부전〉, 〈심청전〉 등도 엄청난 인기를 누렸다.

〈홍길동전〉

길동이 점점 자라 여덟 살이 되자 총명하기가 보통이 넘어 하나를 들으면 백 가지를 알 정도였다. 그래서 공은 길동을 더욱 귀여워하면서도 출생이 천한 길동이 늘 아버지니 형이니 하고 부르면 즉시 꾸짖어 그렇게 부르지 못하게 하였다. 길동은 열 살이 넘도록 감히 아버지와 형을 부르지 못하고 종들에게 천대받는 것을 뼈에 사무치게 한탄하면서 마음 둘 바를 몰랐다. "(……) 나는 어찌하여 일신이 적막하고, 아버지와 형이 있는데도 아버지를 아버지라 부르지 못하고 형을 형이라 부르지 못하니 심장이 터질지라, 이 어찌 통탄할 일이 아니겠는가!"

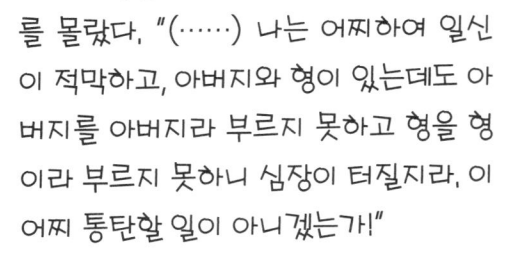
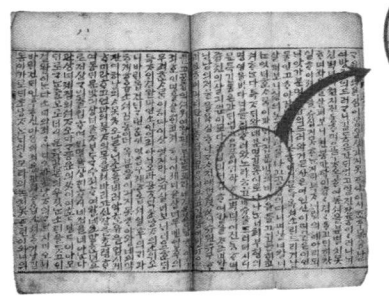

1 서민 문화란 무엇인가요? 조선 후기에 서민 문화가 발달할 수 있었던 배경은 무엇인가요?

2 한글소설이 글을 모르는 사람들한테도 인기가 많았던 이유는 무엇인가요?

3 한글소설의 지은이가 알려져 있지 않은 이유는 무엇인가요?

4 다음 중 한글소설이 아닌 것은?

홍길동전 춘향전 심청전 열하일기

양반전 흥부전 장화홍련전

5 위의 한글소설 중 내가 알고 있는 이야기를 골라 선생님한테 줄거리를 말해 보세요.

6 다음 중 〈홍길동전〉에 들어 있지 않은 내용은?

서얼 차별의 철폐   신분을 뛰어넘는 사랑

탐관오리에 대한 응징

새로운 국가 건설에 대한 열망   왕과 관리들에 대한 고마움

02 판소리와 탈놀이(탈춤)

판소리 다섯 마당 : 춘향가, 심청가, 흥부가, 적벽가, 수궁가

판소리는 판과 소리가 합쳐진 말이다. '판'이란 씨름판, 싸움판처럼 사람이 많이 모인 곳을 말하고 '소리'는 노래를 말하므로, 판소리란 '사람이 많이 모인 곳에서 부르는 노래'라는 뜻이다. 한 명의 소리꾼이 고수(북치는 사람)의 장단에 맞춰 소리(창), 아니리(말), 너름새(몸짓)를 섞어 가며 하는 일종의 솔로 오페라다.

판소리는 주로 사람들이 많이 모이는 장터 같은 곳에서 공연되었다. 소리꾼이 즉흥적으로 내용을 더하거나 뺄 수 있고, 관중들도 추임새를 하며 함께 참여할 수 있기 때문에 서민들에게 큰 호응을 얻었다. 판소리가 무척 재미있다는 소문이 나면서 부잣집 잔치에 불려가 공연하는 기회가 많아지면서 차츰 양반들도 좋아하게 되었다. 원래 판소리 작품은 열두 마당이 있었으나 현재는 춘향가, 심청가, 흥부가, 적벽가, 수궁가 등 다섯 마당만이 전해지고 있다.

1 다음 그림에서 소리꾼과 고수를 찾아보세요.

2 다음 보기는 지금까지 전해지는 판소리 다섯 마당입니다. 각 작품의 주인공 이름을 쓰세요.

보기	춘향가	심청가	흥부가	수궁가	적벽가

- ⊙ ☐☐ : 아버지에 대한 지극한 효성으로 왕후가 된 인물
- ⊙ ☐☐ : 정절을 지키는 사랑으로 신분을 뛰어넘어 양반 부인이 된 인물
- ⊙ ☐☐ 와 ☐☐ : 가난한 농부와 부자 상민을 대변하고 있는 인물
- ⊙ ☐☐ : 꾀를 내어 용왕을 속이고 목숨을 건진 인물
- ⊙ ☐☐ : 〈삼국지〉 적벽강 전투에서 왜 싸워야 하는지도 모른 채 죽는 인물

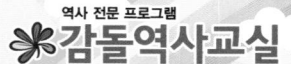
탈놀이(탈춤)

탈놀이는 탈을 쓰고 노는 놀이를 말하며, 보통 탈춤이라고 한다. 서민들이 현실에서 양반을 비꼬는 것은 불가능했으나 탈을 쓰고는 마음껏 양반을 풍자하고 비판할 수 있었다. 탈놀이는 이렇게 지배층인 양반 혹은 승려들에 대한 비판, 서민 생활의 실상과 어려움 등을 담고 있다. 현재까지 전해 오는 탈놀이 중에는 황해도 봉산탈춤, 경북 안동 하회마을의 하회 별신굿 탈놀이, 송파 산대놀이, 고성 오광대놀이 등이 유명하다.

하회 별신굿 탈놀이

하회 별신굿 양반탈

양반 : 나는 사대부의 자손이고, 우리 할아버지는 문하시중을 지내셨지.

선비 : 뭐라꼬? 나는 팔대부의 자손이고 우리 할아버지는 문상시대를 지내셨거든. 팔대부는 사대부의 두 배이지, 또 문하보다는 문상이 높고, 시중보다는 시대가 더 크다 이말이지.

양반 : 관직이 높은 게 최고인가? 학식이 있어야지. 난 사서삼경을 다 읽었어.

선비 : 그까짓 사서삼경을 가지고. 난 팔서육경을 다 읽었어.

양반 : 뭐? 팔서육경? 도대체 팔서는 어디에 있으며, 육경은 또 뭔가?

초랭이 (하인) : 나도 아는 육경을 모른다는 말씀이십니까? 팔만대장경, 장님의 안경, 머슴의 새경......

초랭이

3 탈놀이란 무엇인가요? 탈놀이가 특히 서민들한테 인기가 있었던 이유는 무엇인가요?

4 위의 하회 별신굿 탈놀이에서 양반을 풍자하고 있는 문구에 밑줄을 쳐 보세요.

5 탈놀이는 지역에 따라 여러 이름으로 불렸습니다. 지도를 보고 탈놀이의 다양한 이름을 찾아 써 보세요.

황해도(은율) 은율 탈춤
황해도(봉산) 봉산 탈춤
경기도(양주) 양주 별산대놀이
황해도(해주) 강령 탈춤
서울(송파) 송파 산대놀이
경북(하회) 하회 별신굿 탈놀이
경남(고성) 고성 오광대놀이

민화는 조선 후기에 등장한 서민 화가들이 서민들을 위해 그린 그림이고, 풍속화는 전문 화가들이 서민들의 생활 모습을 그린 그림입니다.

1 다음 설명을 읽고, 알맞은 민화의 제목을 찾아 쓰세요. 이 중에서 내 방에 걸어놓고 싶은 민화는 무엇인가요?

◆ **작호도** : 까치는 좋은 소식을 전해 주는 동물로, 호랑이는 나쁜 귀신을 쫓아내는 동물로 여겨져 민화에 자주 등장하였다.

◆ **화조도** : 서로 마주보고 있는 한 쌍의 새는 부부를 의미하며, 화목한 부부가 되고 싶은 서민들의 바람이 담겨 있다.

◆ **백수백복도** : 목숨을 뜻하는 '수(壽)'와 복을 뜻하는 '복(福)'이 여러 번 반복되어 있다. 여기에는 행복하게 오래도록 살고 싶은 서민들의 바람이 담겨 있다.

◆ **문자도** : 한자를 변형한 그림을 문자도라고 한다. 그림에 보이는 잉어, 죽순, 부채, 거문고는 '효(孝)'에 대한 이야기를 담고 있다.

2 민화는 일상생활 속에서 항상 접하는 소재로 행복하게 살고 싶은 서민들의 소망을 표현했습니다. 위의 민화에 쓰인 소재를 모두 찾아보세요.

3 서민들은 민화를 어떠한 용도로 사용했을까요?

4 조선 후기 대표적인 풍속화가는 김홍도와 신윤복입니다. 무엇을 그린 그림인지 살펴보면서 제목을 지어보고, 누구의 그림인지 알아맞혀 보세요.

김홍도 : 서민들의 생활 모습을 정감있게 표현한 그림을 그렸다.

신윤복 : 양반 사회에 대한 풍자, 여성들의 생활 등 도시의 생활상을 그렸다.

04 도자기와 생활용품

서민들의 문화 수준이 높아지면서 서민들도 도자기나 다양한 생활용품을 사용했습니다.

도자기 : 분청사기와 백자

조선 시대를 대표하는 도자기는 분청사기와 백자이다. 분청사기는 조선 초기에 발달하였다. 분청사기는 만드는 방법이 다양하고 생산량도 많아 사용하는 사람들이 많았다. 백자는 조선 시대 전 기간에 걸쳐 꾸준히 제작되었다. 백자는 색과 모양이 간결하고 실용성을 강조하여 서민들도 일상생활에서 폭넓게 사용하였다. 특히 청화백자는 흰 바탕에 푸른색으로 나무, 꽃, 새 등이 은은하게 그려져 우리만의 아름다움을 잘 표현하고 있다. 이렇게 조선 시대의 도자기들은 예술성과 함께 소박함을 지니고 있어 서민들도 널리 사용하였다.

1 분청사기와 청화백자가 무엇인지 설명하고, 다음 사진에서 찾아보세요.

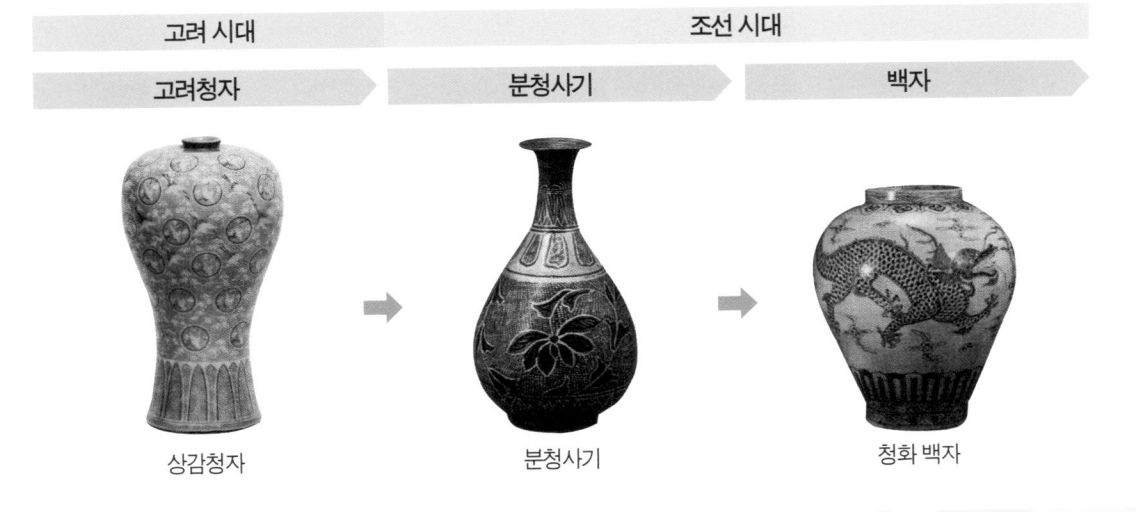

2 다음 사진을 보고 도자기의 변천사를 설명해 보세요.

고려 시대	조선 시대	
고려청자	분청사기	백자

상감청자

분청사기

청화 백자

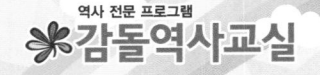
생활용품 : 나전칠기, 떡살, 조각보, 옹기

　조선 시대에는 서민들의 문화 수준이 높아지면서 생활용품을 만드는 기술이 발달했다. 특히 나전칠기는 그릇이나 나무에 옻칠을 한 후 전복, 소라 같은 조개 껍데기 등으로 장식한 조선 후기의 대표적인 공예품이다. 이밖에도 떡에 무늬를 찍는 도구인 떡살, 자투리 천을 모아 만든 조각보 등 다양한 생활 도구가 사용되었다. 옹기는 옛날부터 숨쉬는 그릇으로 여겨져 왔다. 옹기를 만드는 흙에 들어 있는 모래 알갱이가 그릇에 작은 구멍을 만들어 밖으로 공기가 잘 통하게 해준다. 이 구멍은 옹기 안에 담긴 음식물을 잘 익게 하고 오랫동안 보존할 수 있게 해준다.

3 조선 후기에 서민들이 다양한 생활용품을 사용할 수 있게 된 배경은 무엇인가요?

4 조상들이 사용한 다음 생활용품의 이름과 용도를 말해 보세요.

김홍도 풍속화

다음은 김홍도가 그린 풍속화입니다.
이 그림을 보고 조선 후기의 생활 모습을 상상해 보세요.

그림에 어울리는 제목을
붙여 보세요,

공부하고 있는 아이들은 양반집 아이인가요,
일반 서민의 아이들인가요?

가운데 아이가 왜 우는지 상상해서
그림의 상황을 극본으로 써 보세요,

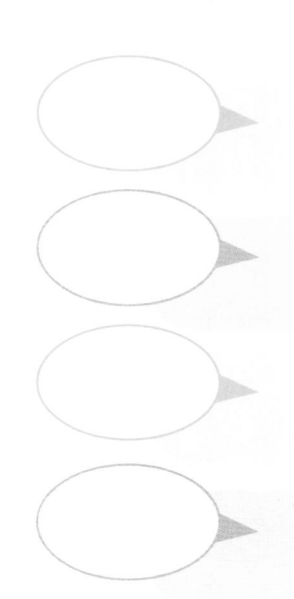

[제10회 초급 16번 문제]

1. 다음 (가)에 들어갈 전투를 지도에서 옳게 찾은 것은? [3점]

> 도요토미 히데요시가 사망하고 전세가 불리해지자 왜군은 철수하기 시작하였다. 이때 이순신은 퇴각하는 왜군을 크게 물리쳤으나, [(가)] 에서 적의 총탄에 맞아 장렬하게 전사하였다. 그리하여 7년간에 걸친 일본과의 전쟁은 끝이 났다.

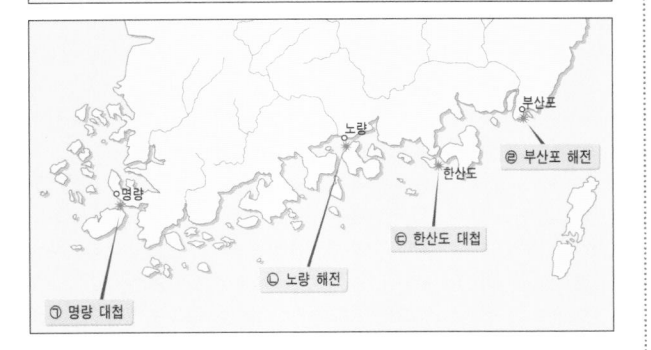

① ㉠　　　② ㉡　　　③ ㉢　　　④ ㉣

[제9회 초급 21번 문제]

2. 다음 체험 학습 계획서와 관련된 지역을 지도에서 옳게 찾은 것은? [2점]

체험 학습 계획서

기 간	2010년 8월 1일 ~ 2010년 8월 4일
체험 학습 전에 조사할 내용	• 조선 시대 안용복의 활동 내용은 무엇인가? • 이 지역이 우리 영토임을 보여주는 증거는 무엇인가?

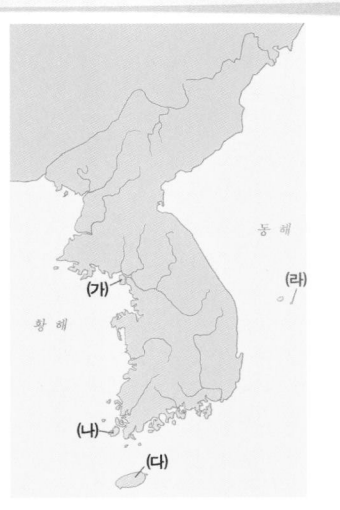

[제13회 초급 20번 문제]

3. 다음 대화에서 말하는 새로운 작물로 옳지 않은 것은? [3점]

조선 후기에는 고려 시대에 볼 수 없었던
새로운 작물을 재배하는 농민들이 늘어났다.

① 감자　　　② 담배　　　③ 목화　　　④ 고구마

[제15회 초급 20번 문제]

4. (가)가 발달했던 시기의 문화에 대한 설명으로 옳은 것은? [2점]

① 훈민정음이 사용되기 시작하였다.

② 서민들 사이에서 민화가 유행하였다.

③ 판소리가 다양한 계층에게서 호응을 얻었다.

④ 서민들의 생활모습이 담긴 풍속화가 그려졌다.

MEMO(알림장)

이 곳에 가고 싶어요

이번 달에 배운 유적지 중 가장 가보고 싶은 곳 하나를 골라
답사 계획서를 작성해 보세요.

유적지	
유적지 주소	
답사 예정 날짜	함께할 사람
가보고 싶은 이유	
더 조사하고 싶은 내용	

답사 여행을 다녀와서

재미있게 답사를 잘 다녀왔지요? 보고서로 정리하면
더욱더 잊혀지지 않는 추억이 된답니다.

이름		날짜	년	월	일
유적지 이름					
같이 간 사람					
내가 본 유물과 유적					
느낀 점					
더 알고 싶은 점					

1차시 임진왜란 03쪽~

01. 임진왜란 일어나다

1. 200년/임진년에 왜나라가 일으킨 난리
2. 조선 : 이이가 국방력 약화를 걱정해 십만 양병설을 주장했지만 받아들여지지 않았고, 일본에 파견한 황윤길과 김성일의 상황 보고도 서로 달라 침략에 대한 대비를 하지 못했다. 일본 : 도요토미 히데요시는 일본을 통일한 후 무사들의 불만을 밖으로 돌리고 대륙으로 진출하기 위해 전쟁을 계획하고 있었다.
3. 명나라를 정벌하기 위한 길을 빌려 달라.
4. 의주 / 지도에서 의주를 찾아 표시한다.
5. 궁궐과 백성들을 버리고 나만 살겠다고 피란 간 왕과 관리들에 대한 분노 때문에

02. 이순신 장군의 활약

1. 전라도, 전라도에서 군사를 훈련시키고 있었다.
2. 일본 육군에게 식량과 무기를 지원하는 일
3. 6월 – 사천해전(거북선 사용) / 7월 – 한산대첩(학익진을 사용해 대승을 거둠) / 9월 – 부산포해전(조선 수군이 남해를 완전히 장악)
4. 거북선 : 거북 모양을 닮았기 때문에, 학익진 : 학이 날개를 핀 모양으로 진을 펼치기 때문에
5. 일본 수군이 일본 육군에게 식량과 무기를 지원하지 못했기 때문에

03. 의병과 관군의 활약

1. 자기 고장을 지키기 위해 스스로 무기를 들고 일어선 백성들, 외적의 침입을 물리치기 위해 백성들이 자발적으로 조직한 군대
2. 의병장 – 휴정, 정문부, 유정, 조헌, 영규, 김천일, 고경명, 곽재우 / 관군 – 유성룡, 권율, 신립, 이일, 이순신, 김시민
3. 진주대첩 – 김시민, 곽재우, 의병들 – 전라도를 지켜냈다. / 행주대첩 – 권율, 의병들 – 한양을 되찾았다.
4. 일본군의 부산 공격 → 충주에서 신립 장군 패배 → 한양 함락 → 수군과 이순신 장군의 반격 → 의병과 관군의 활약 → 명나라 지원군

04. 전쟁 후 조선과 일본

1. ③, ④
2. 조선의 발전된 문물을 배우기 위해, 일본 도자기의 조상
3. 조선의 문화를 전해 받기 위해
4. 일본에 학문과 기술, 문화를 전해 주고 왜구나 포로 송환 문제 등을 일본 정부와 협상했다.
5. 자신의 생각을 자유롭게 표현한다.
6. 일본이 승리했다. – 왜냐하면 조선의 피해가 더 컸기 때문이다. 또는 조선이 승리했다. – 나라가 멸망하지 않았고 의병과 관군이 힘을 합쳐 위기를 이겨냈기 때문이다. 등 자신의 의견을 근거를 들어 이야기한다.

2차시 병자호란 13쪽~

01. 광해군의 중립 외교

1. 전쟁의 피해를 복구하는 것
2. 후금과 명나라 사이에서 어느 한쪽에도 치우치지 않는 외교를 하는 것
3. 임진왜란 때 명나라가 도와준 것을 저버려선 안 되고 후금은 오랑캐가 세운 나라이기 때문에
4. 광해군의 잘못된 정책을 인조가 바르게 되돌렸다.
5. 자신의 생각을 표현한다.
6. 허준

02. 인조와 병자호란

1. 정묘호란 – 조선이 명나라만 가까이하고 후금을 배척했기 때문에
   병자호란 – 정묘호란 때 조선이 후금에 한 약속을 지키지 않았기 때문에, 임금과 신하의 관계를 요구했지만 조선이 받아들이지 않았다.
2. 남한산성
3. 세 번 절하고 아홉 번 머리를 땅에 두드리는 것
4. 청나라 황제의 공덕을 기리는 비석
5. 자신의 생각을 이야기한다.

03. 효종의 북벌론

1. 공통점 – 둘 다 청나라에 인질로 끌려갔다가 돌아온 왕자이다.
   차이점 – 소현세자는 청나라의 문물을 받아들여야 한다고 생각했지만, 봉림대군은 청나라를 정벌해야 한다고 생각했다.
2. 북학론 – 청나라의 문물을 받아들여야 한다는 주장
   북벌론 – 청나라를 정벌해야 한다는 주장
3. 청나라의 문물을 받아들여 강력해졌을 것이다. 또는 청나라의 식민지가 되어버렸을 것이다. 등등 자유롭게 자신의 의견을 말한다.
4. 청나라가 강해져서 쉽게 공격할 수 없었고, 청나라가 때마침 지원군을 요청했기 때문에
5. 청나라가 날이 갈수록 강해져 함부로 공격할 수 없었고, 효종도 젊은 나이에 세상을 떠났기 때문에

04. 울릉도와 독도를 지킨 안용복

1. 숙종
2. 지도에 표시한다.
3. 울릉도를 대마도의 영토로 만들기 위해
4. 나라를 위해 목숨을 걸고 일본에 다녀왔는데 이런 대접을 하는 것은 참을 수 없다. 등등 자유롭게 자신의 의견을 이야기한다.

3차시 조선 후기 사회 모습 — 23쪽~

01. 조선 후기 농업기술의 발달

1. 창덕궁
2. 인구 : 264만명이 줄었다 / 토지 : 120만결이 줄었다.
3. 모내기법 : 모를 모판에 심은 후 나중에 논에 옮겨 심는 농사법 / 골뿌림법 : 밭에 고랑과 두둑을 만들어 씨를 고랑에 뿌리는 농사법
4. 모를 모판에서 키우는 동안 논에 심은 보리를 수확할 수 있기 때문에
5. 시장에 내다팔기 위해 키우는 작물 / ④ (보리는 먹기 위해 재배하는 작물이었다.)
6. 농업 생산량이 늘어나 가족끼리 먹고도 남는 작물들이 생겨났기 때문에

02. 조선 후기 상업의 발달

1. 물건을 사고파는 곳
2. 경강상인 – 한강 주변에 모이는 쌀을 주로 거래, 송상 – 개성의 특산물인 인삼을 주로 거래, 만상 – 청나라와의 무역, 내상 – 일본과의 무역
3. 등짐장수(보부상은 등짐장수와 봇짐장수를 합쳐 부르는 말이다.)
4. 비싼 물건을 거래할 때 그만큼의 가치를 물건으로 주려면 많은 물건들이 오고가야 해서 불편했지만, 화폐의 사용으로 간편하게 물건을 사고팔 수 있게 되었다.

03. 조선 후기 신분제의 변화

1. 이름, 공명첩을 받을 사람이 누군지 모르기 때문에
2. 양반들이 너무 많이 생겨나고, 그만큼 세금을 내는 사람이 줄어든다.
3. 노비는 세금을 내지 않지만 상민은 세금을 내기 때문에
4. 양반은 점점 늘어나고 상민과 노비는 줄어든다.
5. 양반들도 먹고 살기 위해 일을 하기 시작했다.
6. 양반의 권위가 땅에 떨어지고 있다. 굳이 양반이 되지 않아도 상민들이 잘살 수 있게 되었다. 등등 자신의 생각을 자유롭게 이야기한다.

04. 조선 후기 여성의 삶

1. 허난설헌 : 뛰어난 글솜씨가 있었지만 여자이기 때문에 아무도 인정하지 않았다. 김만덕 : 양인이었지만 부모님을 잃고 천민이 되었다.
2. 유교 사상이 조선 후기에 일반 백성들 사이에까지 널리 퍼져서
3. 부부유별 – 남편과 아내 사이에는 구별이 있다. / 삼종지도 – 어려서는 아버지를, 결혼해서는 남편을, 늙어서는 아들을 따라야 한다. / 칠거지악 – 아내를 내쫓아도 되는 7가지 이유 / 출가외인 – 딸은 결혼하면 남이다.
4. X, O, X, O, X, O, X, O

4차시 조선 후기 서민 문화 — 33쪽~

01. 한글소설

1. 백성들이 주인공이 된 문화 / 조선 후기에 경제적으로 여유가 생긴 백성들이 예술과 문화에 관심을 가지면서 생겨났다.
2. 글을 읽어 주는 이야기꾼이 있었기 때문에
3. 입에서 입으로 전해졌기 때문에
4. 열하일기, 양반전
5. 한글소설 중 내가 알고 있는 작품 하나를 골라서 선생님이나 부모님한테 이야기합니다.
6. 신분을 뛰어넘는 사랑(춘향전의 내용이다), 왕과 관리들에 대한 고마움(한글소설에는 양반 사회의 모순을 비판하는 내용이 많았다.)

02. 판소리와 탈놀이(탈춤)

1. 부채를 들고 있는 사람–소리꾼 / 북을 치는 사람–고수
2. 심청, 춘향, 흥부와 놀부, 토끼, 병졸(병사)
3. 탈을 쓰고 노는 놀이 / 탈을 쓰고 마음껏 양반을 풍자하고 비판할 수 있었기 때문에
4. 흥, 나는 팔대부의 자손이고~문하시중보다 높고 크지.
5. 탈춤, 별신대놀이, 산대놀이, 별신굿 탈놀이, 오광대놀이

03. 민화와 풍속화

1. 작호도, 화조도, 백수백복도, 문자도 / 이 중 갖고 싶은 그림 하나를 골라서 말한다.
2. 호랑이, 까치, 소나무, 꿩, 글자, 물고기, 화분 등
3. 집에 걸어두고 자신들의 소망을 기원하는 용도, 선물용 등등 자신의 생각을 이야기한다.
4. 먼저 무엇을 그린 그림인지 살펴보고 그림 제목을 지은 후, 두 사람의 특징을 떠올리며 누구의 그림인지 알아맞혀 보는 활동을 한다.
   왼쪽 위부터 아래로 김홍도, 김홍도, 김홍도, 신윤복, 김홍도, 신윤복, 김홍도, 김홍도, 신윤복, 김홍도, 신윤복, 김홍도, 신윤복의 그림이다.

04. 도자기와 생활용품

1. 분청사기 – 회색이나 회흑색 도자기에 분칠을 해서 만드는 자기 / 청화백자 – 백자에 푸른색으로 그림을 그린 것 / 1·3번은 분청사기, 2·4번은 청화백자
2. 고려 시대에는 고려청자를 많이 사용했고, 조선 초기엔 분청사기를 사용하다, 후기에는 백자를 사용했다.
3. 서민들의 문화 수준이 높아졌기 때문에
4. 떡살(떡에 무늬를 찍는 용도), 조각보(자투리 천을 모아 만든 아름다운 천), 나전칠기(조개껍데기를 이용한 공예품), 옹기(냄비나 저장용으로 사용한 그릇)

기출문제풀어보기 1. ② 2. 라 3. ③ 4. ① — 43쪽